中英雙語品德繪本 1

We Choose Peace

我們可以好好相處

羅乃萱、Angela Lee 著

Jovis Cy 繪

推薦序

　　乃萱的圖書《我們可以好好相處》是一把智慧鑰匙，打開了幫助學前幼兒學習與別人和平相處的大門。我相信，在這個充滿快樂和探索的年齡段，教導幼兒學會友善、包容和有同理心是十分重要的，能讓他們一生受用。

　　從幼兒日常接觸的生活情境為起點，通過角色互動，以簡單直接的對答，向孩子傳遞了和平相處的重要價值觀和表達方式。無論是與家人分享玩具、與同學合作完成任務，還是讓座予有需要人士，相信孩子能從中感受到與人和平相處的快樂，並願意在生活中實踐。

　　我大力推薦家長們與孩子一同閱讀這圖書，並祝願你們享有愉快的親子閱讀時光！

馮丹媚，MH, JP
香港世界宣明會總幹事

推薦序

和平共處，對於一個三、四歲的小孩來說是抽象的概念。這個年紀的孩子都傾向自我中心，小小的腦袋想法簡單直接：

「這麼有趣的玩具，為什麼我要與人分享？不，是我的！」

「最後一件美食在前面，我要趕快搶來吃！」

家長要讓孩子明白，世界不只有他自己，我們必須學習與別人好好相處，一起可以很快樂。但如何令幼兒明白和平的道理呢？這繪本正適合作為教材，家長與孩子共讀，將書中情境連繫到他們的日常生活，平日與孩子一同實踐，共享和睦。

羅乃萱女士對親子教育的經驗很豐富，十多年前我讀過她寫關於與女兒相處的書，轉眼羅女士已榮升外婆，因着照顧孫兒，累積更多鮮活的教養心得，今次伙拍幼兒英語課程專家 Angela Lee 撰寫本書，尤其適合中英並重的家庭，我誠意向大家推薦。

何紫薇

香港兒童文藝協會會長

撒下品德的種子

自從當了婆婆以後，我就成了一個幼兒繪本迷。

每次逛書店，總會在幼兒閱讀那一區流連忘返。除了購買有關情緒、學習、生活智能等等主題書外，一直在尋找的，就是有關幼兒品德教育的書。因為我深信，孩子的心是一片好土壤，如果從小撒下品德教育的種子，在父母循循善導的薰陶下，就能培養幼兒正向的價值觀及與人相處的態度，讓孩子在愛中茁壯成長。

其實，坊間也有不少類似的繪本，但大多以外國為故事背景，未必切合港爸港媽的需要。於是便想到，每星期在親子講座中接觸不少家長，也認識不少校長、老師的我，聽了不少故事，不如自己動筆寫寫這些品德教育的家庭故事，也是可行的啊！當時，另一個念頭就是，既然有中文，不如找另一位擅長寫英文韻律，又兼具幼兒課程編寫經驗，更是一位有一對可愛兒女的媽媽 Angela Lee 跟我搭檔，讓此書能以雙語出版，也讓每晚要跟孩子講故事的爸媽們，一天可以選中文台，一天可以用英文台，跟孩子說好品德故事。

這些故事的內容取材，很多都是真實發生的。像勇氣故事裏的勇敢石，怎樣引導孩子從「ME」想到「WE」，這些都是我們親眼見過、試過的例子。當然，我寫得最津津樂道的，就是引導乖孫們怎樣好好對待公公婆婆、爺爺嫲嫲的那本《我們都是好乖孫》。實不相瞞，我是把心底對乖孫的渴慕都寫進字裏行間，希望他能多抱我、親我，拖着我的手帶我逛街，幫我慶祝生日等等。全都是我心之所想，心之所渴慕的啊！

很多家長問我，幼兒從小閱讀繪本，會否識字多些？對不起，認識多少字不是我們撰寫本書的初心。我們渴望的，是家長們每天向孩子有趣地講述這些故事，孩子會存記在心，成為他品德教育的第一塊踏腳石啊！

羅乃萱

從小培養的價值觀

我相信：許多核心價值和態度都是從小培養的。

記得有一次，兒子不見了心愛的玩具，他認為是菲傭姐姐收拾時放錯了位置，令他十分生氣。正當大家慌忙尋找的時候，他發現原來是自己早前把玩具放到一個盒子裏。但最令我意想不到的是他接下來的舉動——他走到菲傭姐姐面前說：「對不起，我錯怪了你，是我自己遺忘了。」 這個八歲小子居然沒有因失而復得而喜不自禁，反而想到自己的過錯並主動道歉， 這正正是我十分重視的核心價值。

記得多年前，閱讀過 Robert Fulghum 在 1986 年寫的一本書，名為 *All I Really Need To Know I Learned In Kindergarten* （《生命中不可錯過的智慧》）， 指出很多重要的習慣和觀念，如分享、對別人仁慈、認錯等，早已在幼兒時期學過。

這個《中英雙語品德繪本》系列，選取了我跟另一位作者羅乃萱十分認同，並覺得這個時代的幼兒需要培養的四種核心價值與態度：「和平」、「孝順」、「堅持」和「勇氣」。我們希望透過簡單的文字讓幼兒明白這些重要的觀念，繼而在日常生活中體現出來。

孩子的成長過程充滿挑戰，若這些信念不夠根深蒂固，將來很容易忘掉，甚至被扭曲。所以我深深盼望，父母除了善用這些繪本跟幼兒探討這些抽象的觀念外，更要着重身教。

希望各位爸爸媽媽能夠陪着孩子一起修行， 作為他們的榜樣，培育孩子成為一個愛和平、常孝順、懂堅持和有勇氣的人！

Angela Lee

Instead of fighting...

不要推，不用吵。

...We can choose peace!

我們可以好好相處。

"May I?" and "Please".

「請問我可以嗎」或多說「請」。

Others may not do the right thing,
They may not understand.

有時別人做錯事，
他們不知道那是不對的。

It's okay to be angry,
But we use our words and not
our hands.

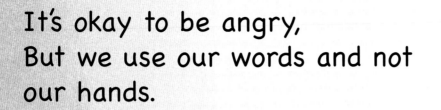

I'm really angry
that you broke my
castle.

I'm sorry.

雖然生氣，我們也要好好
告訴對方，不要動手。

It may be upsetting
But there's no need
to be rough.

別着急，好好想一想，總會有辦法的！

We can share or take turns
And even play together.

齊分享，輪流玩，
一起玩，好開心！

When we change from "me" to "we", Life is so much happier.

由「我」很快樂，變成「我們」很快樂，日子會變得更好！

Peace at home,
Peace at school,
Peace in our
neighbourhood.

在家、在學校、在社區，
我們都要跟其他人好好相處。

親子互動區

聽一聽

請爸爸媽媽掃描 QR Code，和孩子一邊閱讀圖書，一邊聆聽英語朗讀錄音，還可以跟着一起念誦呢！

英語朗讀錄音

想一想

1. 你在升降機見到鄰居時，是怎樣跟他打招呼的？
2. 有人試過令你生氣嗎？當時發生什麼事？你有什麼感受呢？
3. 如果你的同學搶了你正在玩的玩具，你會怎樣做？
4. 如果在學校遇到一些令你很不開心的事情，你會怎樣做？
5. 當你不小心碰撞到另一個小朋友，那個小朋友開始哭起來，你會怎樣做？
6. 如果生日派對上只剩下最後一件生日蛋糕，但你跟小朋友們都想吃，該怎麼辦？
7. 我們喜歡的東西，不一定都要跟別人分享的。如果你不想分享時，可以怎樣做呢？
8. 有天你的阿姨來探望你，並送你一份禮物，你會對她說什麼？

動一動

家長拿着兩隻公仔，扮演兩個小朋友發生衝突（例如爭玩具）：

「你為什麼搶我最喜歡的車車？」

「我喜歡！」

然後請孩子說一說，如果遇上這樣的情況，他該怎樣處理。

We Choose Peace
我們可以好好相處

作者：羅乃萱　Angela Lee

繪者：Jovis Cy

助理出版經理：林沛暘

責任編輯：陳志倩

美術設計：張思婷

出版：明窗出版社

發行：明報出版社有限公司

香港柴灣嘉業街 18 號

明報工業中心 A 座 15 樓

電話：2595 3215

傳眞：2898 2646

網址：http://books.mingpao.com/

電子郵箱：mpp@mingpao.com

版次：二〇二四年七月初版

I S B N：978-988-8829-46-0

承印：美雅印刷製本有限公司